CESARE LISEI

GIOVANNI BOTTESINI

CENNI BIOGRAFICI

MILAN — RICORDI

Indice/Contents

CESARE LISEI

❦

GIOVANNI BOTTESINI

CENNI BIOGRAFICI

❦

(Estratti dalla Gazzetta Musicale di Milano, *anno 1886).*

R. STABILIMENTO MUSICALE RICORDI

MILANO — ROMA — NAPOLI — FIRENZE — LONDRA

Per la Francia ed il Belgio

V. DURDILLY & C.ie

PARIS — 11 bis, Boulevard Haussmann, 11 bis — PARIS

(Disegno di P. GARIBOTTI, da una fotografia di WALERY di Londra).

Gio. Bottesini

I.

IOVANNI BOTTESINI è uno di quei tipi eccezionali d'artista, dei quali si direbbe che l'Italia nostra soltanto abbia il privilegio della produzione — astri luminosi destinati ad irradiarla di quella luce immortale per la quale essa eccelse sempre, invidiata, sui popoli della terra. Al nome illustre di questo dotto e profondo musicista, di questo eminente direttore d'orchestra, di questo insuperato istrumentista che, alterando a suo capriccio la natura dell'ingrato istrumento da lui prescelto, sa cavare dalle immani làtebre di esso suoni da nessuno prima di lui, non dirò tentati, ma neppure intuiti, non v'è, credo, cuore italiano che non palpiti d'alto e ben giustificato orgoglio. Da oltre quarant'anni egli corre il mondo, indifferente come uno stoico; ambìto e festeggiato nelle reggie, idoleggiato nei grandi e nei piccoli centri — ovunque contraddistinto col significantissimo appellativo di « Paganini del contrabasso. » A dettare un coscienzioso studio biografico su questo grande e moltiforme artista, credo che, ammesso mi bastassero le forze, non m'occorrerebbe meno d'un volume; ma avendo io l'incarico di scrivere invece una biografia compatibile cogli angusti limiti d'un giornale, dovrò per necessità lasciare in disparte tutto ciò che non sia la pura e semplice narrazione della gloriosissima e, grazie al cielo, non ancora interrotta sua carriera.

Giovanni Bottesini nacque a Crema il 24 dicembre 1821 da Pietro Bottesini, eccellente suonatore di clarinetto e discreto compositore di pezzi elementari per diversi istrumenti, e da Maria Spinelli. Aveva di poco varcato il primo lustro, allorchè fu posto a studiare il violino con uno zio prete di nome Cogliati, primo violino nell'orchestra della Cattedrale di Crema. Ivi egli rimase fino all'età di 13 anni, cantando il *sopranino* nelle chiese e suonando i timpani nel « Teatro Comunale » e qua e là nelle orchestre delle città limitrofe per gli spettacoli in occasione delle fiere. È con un senso di vivo compiacimento ch'ei si ricorda d'aver cantato e suonato in quel turno di tempo anche sotto la direzione di Meyer — il venerato maestro dell'immortale compositore della *Favorita*. Sullo scorcio del 1835, Pietro Bottesini, avuto sentore che nel Conservatorio Musicale di Milano, retto allora a convitto, eranvi vacanti due « posti franchi, » uno di fagotto e l'altro di contrabasso, chiese al figlio per quale dei due avrebbe preferito concorrere.

Il nostro ragazzo optò per l'ultimo, non già perchè le enormi dimensioni del mastodontico istrumento avessero su di lui un'attrazione speciale, ma per la semplice ragione ch'egli aveva di già acquistato una certa conoscenza col « re degli istrumenti a corda, » iniziatovi, come abbiam veduto, dallo zio prete. Una settimana prima del giorno fissato pel concorso, si recò col padre a Milano ove questi lo presentò al maestro Luigi Rossi, professore di contrabasso in quel Conservatorio, il quale s'offerse di dargli nel frattempo qualche nozione dell'istrumento. All'esame gli furono poste davanti poche battute scritte lì per lì dal vice-censore Ray, le quali lo fecero di punto in bianco sudar freddo. Il meschinello aveva ricevuto in tutto quattro lezioni dal Rossi! Fattosi coraggio pertanto, s'accinse ad eseguirle; ma accorgendosi tosto di stuonare orribilmente per mancanza di diteggiatura, s'interruppe ad un tratto facendo la seguente testuale dichiarazione a'suoi giudici: « Sento, o signori, di stonare; ma quando saprò dove porre le dita, allora non stonerò più. » I componenti la Commissione compresero tosto che il candidato, per quanto non conoscesse affatto l'istrumento, aveva delle buone disposizioni musicali e gli accordarono senz'altro il posto. Il Bottesini rimase al Conservatorio di Milano fino al 1839, studiando il contrabasso sempre col su ricordato prof. Luigi Rossi, attendendo contemporaneamente alla composizione sotto la guida dei professori Piantanida e Ray, del famoso Basily e del non meno celebre Vaccaj. Egli lasciò il Conservatorio tre anni prima del termine stabilito, non tanto perchè si credeva abbastanza forte sul suo istrumento per poter incominciare a far quattrini, quanto per dedicarsi in un ambiente più libero e più tranquillo alla composizione verso la quale si sentiva prepotentemente inclinato. Come attestato di soddisfazione, la Direzione del Conservatorio gli rimetteva all'atto ch'ei ne usciva la somma di 300 franchi e con altri 600 ch'egli s'ebbe a titolo di grazioso prestito da un suo parente, certo Racchetti, acquistò il contrabasso da cui non doveva più allontanarsi ed al quale ora porta grand'affetto come al fido compagno di tutti i suoi trionfi.

Quest'istrumento — un buon Testori — ha una storia che mette conto d'essere narrata. Dopo aver appartenuto e servito al contrabassista milanese Fiando, alla morte di costui esso fu posto a dormire in uno dei magazzini del teatro omonimo — allora come oggi delizia dei bambini della *capitale morale* — e vi rimase dimenticato fino a che il contrabassista Arpesani, il quale era forse il solo che ne conoscesse l'esistenza, ne consigliava l'acquisto al Bottesini. Allorchè essi si presentarono a farne ricerca, non fu senza fatica che lo si potè estrarre dal ciarpame di marionette in cui era letteralmente sepolto, senz'una corda, carco di polvere e gradito albergo di una miriade di ragnateli. Portatoselo a casa, il Bottesini s'accinse subito a pulirlo, lo montò egli stesso, e colpito dalle eccellenti sue qualità, suonò tosto tutto ciò che potè ricordare, suonò a stordirsi al segno da dimenticare il pranzo e non si allontanò dall'istrumento, che quando, cadutogli per stanchezza l'arco, s'accorse d'avere il braccio quasi paralizzato.

II.

Fu nel « Teatro Comunale » di Crema che il Bottesini diede il suo primo concerto in pubblico, e più che un successo, esso fu una rivelazione. Suonò quindi nei principali teatri d'Italia, compreso la « Scala, » riscuotendo dappertutto incontrastati applausi. La prima città per la quale fu scritturato all'estero fu Vienna. Passando per Trieste chiese di poter dare un concerto a quel « Comunale. » La Direzione del teatro impensierita dalla figura esile ed anzichenò mingherlina dell'imberbe giovanetto, credette saggio, prima di accordargli l'autorizzazione, di constatare essa stessa quanto egli sapesse fare sul non troppo simpatico istrumento. Dopo poche battute della sua *Fantasia* con accompagnamento d'orchestra sulla *Sonnambula,* Luigi Ricci — il celebre compositore di *Scaramuccia* e del *Crispino e la Comare* — compreso di che si trattava, s'alza e in pretto dialetto napoletano gli grida: « Basta, basta! Scusa sai, caro Bottesini, ma cca se fa accussì. » Il nostro concertista rispose pregando la Commissione di lasciargli terminare il pezzo, chè così si sarebbe potuto far senza ulteriori prove. Il risultato del concerto fu addirittura un trionfo, il quale gli servì come di passaporto presso il pubblico di Vienna, ove suonò con non minor successo due volte al teatro di « Porta Carinzia, » del quale era direttore il notissimo Mayseder. Caduto colà ammalato d'angina, fu costretto a far ritorno in Italia, ed allorchè fu ristabilito, entrò come ultimo contrabbasso nell'orchestra del « Teatro Grande » di Brescia, della quale fece parte per due stagioni consecutive. Passò quindi a Verona e là fu scritturato come primo contrabbasso al « Filarmonico » e nel 1844, sempre come primo contrabbasso, al « San Benedetto » di Venezia, ove ebbe la fortuna di conoscere personalmente il maestro Verdi, il quale stava curando la riproduzione dei *Due Foscari* su quelle scene. Da quel tempo l' amicizia fra i due grandi italiani continuò inalterata, non ostante le dicerie d' immaginari screzi determinatisi fra loro, come luminosamente lo prova il Verdi stesso, il quale gli scriveva da Genova il 4 marzo 1883 :

« Hanno molto torto quelli che si permettono di servirsi del mio nome per farmi dire sul conto tuo quello che non ho mai detto, nè potevo dire. Tu sai e tutti sanno quanta stima io abbia del tuo talento e come compositore e come concertista. Questa verità a tutti nota avrebbe dovuto mettere un freno alle lingue troppo pronte a mentire. »

Ritornò quindi a Milano, ove rivide Arditi, già suo collega di Conservatorio e col quale si recò a dare un concerto al « Carignano » di Torino ; indi percorsero insieme le principali città del Piemonte. A Voghera, nel 1846, fra un bicchiere e l'altro, furono entrambi scritturati dal Badiali, agente di Don Francesco Marty, impresario del « Teatro Tacon » dell'Avana — Luigi Arditi come direttore, il Bottesini come primo contrabasso di quell' orchestra, il quale vi passava poi *Maestro al piano*. Fu all'Avana che il Bottesini scrisse il *Cristoforo Colombo*, opera in due atti su libretto spagnuolo, la quale ottenne sulle scene di quel teatro un successo abbastanza lusinghiero. Rimase all'Avana facendo frequenti escursioni negli Stati Uniti fino alla fine del 1848, da dove venne per la prima volta a Londra prendendo parte ad un concerto che l'Alary diede all' Exeter Hall. Suonò quindi alla Philarmonic Society, imperantevi allora Sir Michael Costa, indi fu scritturato dal celebre Julien per suonare quattro settimane ai Promenade Concerts dal medesimo di recente istituiti al Drury Lane. Visitate col Julien le provincie inglesi, questi lo portò in America e fino al 1855 il nostro « virtuoso » continuò, traversando e ritraversando annualmente l'oceano, a mandare in visibilio i due mondi.

Sul principio del 1856 fu vincolato dalla celebre Sontag pel « Teatro Sant'Anna » del Messico, del quale diresse l'orchestra durante la stagione autunnale. Colà il Bottesini fu scritturato dal Calzado pel

« Teatro Italiano » di Parigi, di cui nella stessa qualità resse le sorti per due anni consecutivi. Durante i primi mesi del secondo anno in cui egli si trovava nella capitale della Francia, Napoleone III, il quale conosceva l'entusiasmo che il portentoso nostro concertista andava sollevando ovunque, lo fece invitare a recarsi a suonare alle Tuilleries, ove fu ricevuto nell'anticamera che precede la sala dei Concerti dal Gran Cerimoniere di Corte, conte Bacciocchi. Osservando il fatato istrumento, l'alto funzionario imperiale dopo aver mosso al famoso concertista italiano un mondo di domande sul fabbricatore di esso, sulle sue dimensioni e qualità armoniche, gli chiese a bruciapelo:

« — Mi dica ora, Maestro: è vuoto o pieno? »

Alla curiosa domanda che a bella prima aveva tutta l'aria d'una canzonatura, il Bottesini fu sul punto di dare in una grassa risata, ma visto che il Gran Cerimoniere non rideva affatto e risovvenendosi tosto degli avvenimenti ancora recenti che avevano resa celebre *Rue Lepelletier* (1):

« — Vuoto, vuoto, signor Conte, » — s'affrettò a rispondergli, nel mentre, per chetare forse uno scrupolo, s'inchinava a dare un'occhiata atttaverso le *effe* dell'istrumento. Inutile aggiungere ch' egli strappò i più calorosi applausi anche alla Corte Napoleonica, e l'indomani i giornali di Corte gli dedicarono delle intere colonne di elogi, i quali valsero a metterlo sempre più in evidenza presso il gran mondo parigino.

Oltre ad una quantità di romanze da camera e di pezzi istrumentali, Giovanni Bottesini scrisse in quel periodo di tempo l'*Assedio di Firenze* per la Penco, per Mario, Graziani ed Angelini, la qual'opera fu riprodotta due anni dopo alla « Scala » dall'impresa Marzi, indi al « Pagliano » di Firenze. Non ostante i successi anteriormente riportati, compreso quello alle Tuilleries, il Bottesini può dire che all' estero il vero battesimo di « virtuoso istrumen-

---

(1) Fu nella *Rue Lepelletier* ch'ebbe luogo la sera del 14 gennaio 1858 l'attentato di Felice Orsini contro la vita .di Napoleone III.

tista » lo ricevette il giorno in cui suonò al Conservatorio di musica di Parigi, dal quale gli venne offerta una grande medaglia d'argento portante l'iscrizione : *L'Académie de musique à M.ʳ Bottesini*. Innumerevoli furono gli inviti che gli pervennero in sèguito da tutti i centri più importanti della Francia, i quali furono da lui visitati lasciando dappertutto ricordi incancellabili.

Andò quindi a Napoli e da Napoli a Milano, ove il Rovaglia gli commissionò il *Diavolo della notte,* scritta pel famoso basso Bottero. Quest'opera ottenne al teatro « Santa Radegonda » un brillante successo e fu pubblicata dallo Stabilimento Ricordi nel 1858. Dal 1858 al 1862 il Bottesini diede concerti a Bologna, a Firenze, a Roma ed a Napoli, ove scrisse sulla fine del 1861 il celebre *Quartetto* in *re maggiore,* premiato al concorso Basevi di Firenze. Da Napoli passò a Palermo e vi compose la *Marion Delorme* su libretto di Antonio Ghislanzoni, la quale fu rappresentata anch'essa con buon successo sulle scene del « Teatro Carolina » di quella città e venne riprodotta nel 1863 sotto la sua direzione al « Liceo » di Barcellona. Nel 1864 fu chiamato nel Principato di Monaco a darvi una serie di concerti e vi scrisse per gli artisti del « Palais Royal » di Parigi i quali agivano sulle scene di quel teatro del Casino, un'operetta in un atto in francese, intitolata : *Vinciguerra,* riprodottasi poi dai medesimi per ben quaranta sere consecutive al loro teatro in Parigi. Ritornato a Barcellona, vi rimase, sempre scritturato come direttore d'orchestra al « Liceo, » fino all'autunno del 1866, nel qual'anno fu chiamato a dirigere a Madrid i famosi Concerti popolari del « Buen Retiro. »

III.

Nel dicembre lo troviamo a suonare nel palazzo degli Czars a Pietroburgo e a dar concerti al teatro Italiano di quella città, sotto la direzione di Antonio Rubinstein. Fra i molti ed accurati appunti che ho presi per questa biografia, trovo un aneddoto riferentesi alla prima sua comparsa alla Corte di Russia, il quale, credo, valga la pena d'essere qui riprodotto.

Dopo aver suonato uno de' suoi pezzi più irti di difficoltà ed aver fatto strabiliare tutti indistintamente i componenti l'*entourage* d'Alessandro II — il povero assassinato — il Bottesini vede che quest'ultimo s'alza muovendo verso di lui.

« — *Admirablement, M.ʳ Botte...sini* — si degna di felicitarlo il gigantesco Czar, facendo pompa della stentorea sua voce di basso profondo. — *Vous venez de faire de vrais prodiges. Mais, dites-moi donc : êtes-vous italien ?* »

« — *Italien, Majesté* » — risponde inchinandosi orgogliosamente rispettoso il grande artista.

« — *Et de quelle partie d'Italie ?* » — continua l'Imperatore un tono più sotto.

« — *De Crême* » — soggiunge il Bottesini, lieto di poter pronunziare davanti all'augusto ospite il nome della città che lo vide nascere.

Ma lo Czar non credendo possibile forse l'esistenza d'una città appellantesi col nome generico d'un piatto dolce ch'egli detestava e sospettando perciò nella risposta dell'artista cremasco una canzonatura, corrugando ad un tratto la fronte :

« — *De quel pays êtes-vous ?* » — esclama con un impeto tale che fa gelare il sangue nelle vene all'interpellato.

« — *De Milan, Majesté* » — s' affretta a rispondere quasi balbettando il nostro concertista, sprofondandosi in un nuovo inchino.

Un sorrisetto benevolo disegnatosi sulle labbra dell' « Autocrata di tutte le Russie » valse a rassicurarlo ad un tratto, e nel mentre dileguava dalla sua mente atterrita l'idea dell'inumana Siberia, se la rideva in cuor suo felicitandosi per la trovata scappatoia.

Nel marzo del 1867 il Bottesini lasciò la Russia per Parigi, da cui mosse per una *tournée* attraverso le provincie francesi, la Danimarca, la Svezia e la Norvegia col Wieuxtemps e l'Artôt — impresario l'Ulmann.

Nel 1868 incontriamo quindi il nostro « virtuoso » a Wiesbaden, che dà concerti nella sala del Kursall, ove in quel tempo menava strage *Sa Majesté la Roulette*. Una sera, in attesa del suo turno per uscire, egli stava in una stanza attigua dando le ultime stirate alle corde del suo istrumento, quando si vede avvicinare da una signora d'aspetto piuttosto modesto, la quale gli dice con una certa domestichezza :

« — *J'aurai donc le plaisir de vous entendre ce soir ; mais cela ne sera pas la première fois pourtant.* »

Credendola una delle solite eccentriche che infestano quegli sdrucciolevoli paraggi, il Bottesini si limita ad un freddo ed indifferente inchino.

« — *Je me rappelle* — essa riprende insistente — *d'avoir eu le bonheur de vous entendre à Londres.* »

« — *Vraiment !* » — esclama il Bottesini con aria sbadata sempre più convinto con chi aveva a che fare.

« — *Mais, oui* — continua l'incognita sua interlocutrice — *et précisément chez ma mère.* »

A quest'ultime parole il Bottesini, interrompendo gli accordi, alza su di lei lo sguardo e si dà ad osservarla attentamente ; ma non risovvenendosi di quella fisionomia :

« — *Pardonnez-moi, Madame* — le chiede piccato da una certa curiosità — *mais comment s'appelle-t-elle, Madame votre mère ?* »

« — *La Reine d'Angleterre !* » — risponde la signora con un significante ma benevolo sorriso.

Era infatti la figlia di S. M. la regina Vittoria da poco sposa al Principe Ereditario di Germania. Immaginarsi la sorpresa del nostro artista, il quale, inchinandosi profondamente, avrebbe voluto nascondersi nelle cavità del suo istrumento, per celare il proprio imbarazzo.

Nel 1869, sempre sotto lo stendardo dell'Ulmann, intraprende coll'arpista Godefroid e col violinista Wieuxtemps una nuova *tournée* in Francia, avendo pure a compagni l'Alboni, la Battu, la Careño, il Tagliafico ed il tenore Höler, i quali eseguivano nella prima parte d'ogni concerto la *Messe solennelle* di Rossini. Nel 1870, all'appressarsi delle armate alemanne, fugge da Parigi e riparando a Londra vi scrive in sette settimane pel « Lyceum, » del qual teatro era impresario Tito Mattei, l' *Aly Babà*, opera buffa in quattro atti su libretto del Taddei, la quale piace molto ed è acquistata e pubblicata dalla Stabilimento Ricordi.

IV.

Trovandosi più tardi a dirigere i Promenade Concerts al Covent Garden, gli fu offerto da Drometh Bey, ora Pacha, la direzione del « Teatro dell'Opera » del Cairo, sulle cui scene concertò e diresse pel primo la trionfale *Aida* di Verdi. Prima di partire per la capitale dell'Egitto, il Bottesini si recò a Sant'Agata per avere le necessarie indicazioni dalla bocca stessa del compositore e vi rimase, ospite gradito, per ben tre giorni. È inutile il ricordare qui i particolari di quella festa per l'arte italiana e gli elogi unanimi che il Bottesini s'ebbe per la cura, l'amore e l'entusiasmo da lui spiegati nella mirabile interpretazione del capolavoro verdiano. Ma di tutti gli elogi prodigatigli dai rappresentanti della stampa mondiale colà convenuti pel faustissimo avvenimento, più lusinghiero, più accetto, più sentito gli tornò quello che gl'indirizzava il grande maestro italiano, lieto e riconoscente pel trionfo ottenuto dall'ultimo suo spartito:

« Non ti so dire — gli scriveva il Verdi da Genova il 27 dicembre 1871 — non ti so dire quanto io ti sia grato pel gentile pensiero d'avermi inviato un telegramma dopo la prima recita. È un'obbligazione che ho di più con te, oltre alle tante e tante altre per le affettuose cure da te prodigate a questa povera *Aida*. Ed oltre la premura, so del talento da te dimostrato nel dirigerne le prove e l'esecuzione, cosa di cui io non dubitavo punto. Grazie dunque, mio caro Bottesini, di tutto quello che hai fatto per me in questa circostanza e ti prego di porgere i miei più sentiti ringraziamenti a tutti quelli che hanno preso parte all'esecuzione di quest'opera. »

E da Milano il 13 gennaio 1872:

« Ti ringrazio ancora una volta per lo zelo grandissimo da te dimostrato nell'esecuzione d'*Aida* e mi rallegro teco pel talento spiegato nell'interpretare la medesima. Poi ti dirò che ti sono obbligatissimo per le osservazioni contenute nelle tue ultime lettere delle quali trarrò profitto. »

A proposito del soggiorno del Bottesini al Cairo mi ricordo di aver udito da lui stesso, parecchi anni or sono, una storiella assai singolare, riferentesi ad uno dei trionfi colà da lui ottenuti.

Fra un atto e l'altro della *Lucrezia Borgia* da lui diretta a quel « Teatro dell'Opera, » il Bottesini uscì a suonare sul contrabasso uno dei suoi pezzi più meravigliosi. Fu tale il furore ch'egli destò, che un Ministro, il quale si trovava nel Palco Vicereale, uscì a dire, al colmo dell'entusiasmo, che nelle mani del gran mago italiano il contrabasso assumeva i caratteri d'un vero violino. Muphetis Pacha che si trovava pure nel palco d'Ismail, alzando le spalle, osservò: « Non comprendo perchè ei si dia tanto da fare per ottenere simili effetti con quel grosso ed incomodo istrumento; non sarebbe meglio che desse mano addirittura ad un violino? »

Una risata generale, clamorosa fu la risposta alla logica veramente turca di Muphetis Pacha, la di cui buaggine fu per qualche tempo tema favorito ai commenti più piccanti dei salotti e dei *clubs* della Metropoli Egiziana.

Rimase alla direzione di quel teatro fino alla chiusura di esso, e, cioè, fino al marzo del 1877. Nell'estate del 1873 si recò a dar concerti a Costantinopoli, nel 1874 fu a Crema per compiere il pietoso ufficio di chiudere gli occhi al padre e nel 1875 scrisse in una villa a Ramle, presso Alessandria d'Egitto, l'*Ero e Leandro* su libretto di Arrigo Boito, la qual'opera fu poi rappresentata per la prima volta al « Regio » di Torino nel carnevale del 1878 coll'esito che tutti sanno. L'*Ero e Leandro*, che è considerato come il suo capolavoro, è stato pure pubblicato in un'elegantissima edizione dal R. Stabilimento Ricordi. Nel 1879 fu scritturato direttore d'orchestra al « Teatro dell'Opera » di Buenos-Ayres e fra le varie opere vi diresse pure l' *Ero e Leandro*, vantando fra gli interpreti lo Stagno. Ritornando in Europa, toccò Montevideo e Rio de Janeiro, ove ebbe più che festosa accoglienza da quella perla d' Imperatore-scienziato-artista, tanto amico dell' Italia e de' suoi artisti, che s'appella Don Pedro.

Nella stagione di carnevale e quaresima del 1880-81 scrisse, per conto dell' impresario Depanis, *La Regina di Nepal*, che ebbe buon successo al Regio di Torino — interpreti la Turolla ed il Battistini. Nella quaresima successiva fu eseguita nello stesso teatro una sua *Messa di Requiem* dalla Brambilla-Ponchielli, dal Barbacini e dal De Reszké, la quale venne apprezzata tanto dalla stampa che dal pubblico. In questo lasso di tempo, il più tranquillo relativamente della lunga e fortunosa sua carriera, il Bottesini fu annualmente scritturato qui a Londra a suonare nei Monday e nei Saturday Popular Concerts di Chappell, alla Philarmonic Society, ai Ballad-Concerts, ed in parecchie *tournées* nelle provincie. Negli intervalli di riposo scrisse una quantità di romanze per canto e di pezzi pel favorito suo istrumento con e senza accompagnamento d' orchestra, nonchè tre opere da qualche mese completamente pronte per la scena. Al pubblico italiano ora il pronunziarsi sul merito di esse. Omai stanco di peregrinare pare che il Bottesini voglia d'oggi in avanti consacrare il nobile suo ingegno e tutti i tesori della profonda sua dottrina quasi esclusivamente al teatro, sul quale, non ostante i successi che s' ebbero le antecedenti sue opere, non ha ancora impressa, è d' uopo il confessarlo, quell' orma potente che vale a portar di fronte un compositore e ad assicurargli la popolarità. Fin qui egli scrisse degli spartiti pregevoli, ammirati ed apprezzati al loro valore dagli intelligenti — gli rimane a scrivere quello che deve appassionare il pubblico — il grande e giusto dispensatore di lode e di biasimo. Vogliono alcuni che faccia sovente a lui difetto l' ispirazione, l' alta e potente ispirazione che sola crea i capolavori, e può darsi, come può darsi benissimo che in questi ultimi anni egli sia finalmente riuscito ad afferrarsi alla criniera della sbrigliata ed ognora fuggente puledra. Il momento è solenne per l' opera italiana che deplora l' improvvisa scomparsa del povero Ponchielli — una delle sue ultime glorie e delle più fondate sue speranze. Ricordatevi, Maestro, che il compianto compositore della *Gioconda* dovette la sua popolarità all' essere rimasto fedele alle tradizioni della gran scuola italiana — ricordatevi che voi scrivete innanzi tutto pei vostri connazionali, per coloro che parlano il dolce idioma d' Italia ed amano e sentono all' unisono con voi. Chiudete le orecchie alle facili seduzioni delle nordiche sirene, sappiate conservarvi italiano ed aggiungerete nuova gloria al vostro nome per tanti titoli già sì meritamente illustre.

Attualmente il Bottesini è intento a comporre per conto d' un editore di Londra un grande oratorio su parole inglesi di Joseph Bennett — l' eminente critico musicale del *Daily Telegraph* — il quale si intitolerà : *Gethsemene*.

V.

Ed ora due parole sull' uomo. Come quasi tutti i grandi artisti d' ogni cosa bella innamorati, il Bottesini ha avuto fin dalla sua prima giovinezza « un debole » per l' « eterno femminino , » del quale non nasconde d' essere tuttora devoto ed entusiastico aminiratore.

— Il cuore non invecchia mai ! — rispondeva giorni sono ad un amico che lo punzecchiava su quest' argomento.

Il sorriso bonario che gli raggia perennemente sull'aperto e simpatico volto ti parla subito in suo favore, e ti senti irresistibilmente attratto verso di lui. Chi l' avvicina resta sorpreso alla semplicità de' suoi modi, alla dolcezza dell' indole sua, all' arrendevolezza del suo carattere, schiuso soltanto all' affetto ed all' indulgenza. Modesto, senz'invidia, con un cuore ognora pronto ad intenerirsi alle miserie altrui, egli ha sempre avuto, come suol dirsi, le mani bucate, epperciò non potrebbe vivere, come ne avrebbe ora il diritto, senza il prodotto dell'arte sua. Contrariamente a quanto venne spesso asserito da certi suoi cosidetti amici, il Bottesini non ama il giuoco per il giuoco, e buon per lui, poichè navigando come gli accade spesso nelle nuvole, non gli rimarrebbe a quest' ora neppure l' arco dell' amato suo *Testori*. Nelle lunghe ore che è costretto di passare negli *hôtels* coi colleghi durante le *tournées*, egli non rifiuta di porre un *Luigi* su di una carta , o di rischiarlo sul tavoliere d' un bigliardo ad una partita alla « poule » od a « carambola, » ma più per uccidere il tempo che per vera passione al giuoco. Fumatore accanito, egli si stacca a malincuore dalla superba sua pipa di schiuma allorchè deve uscire e la sostituisce in Italia con un *minghetti,* fuori di patria quasi sempre con un *manilla*. Gastronomo esperimentato , asserisce di preferire sempre i maccheroni al risotto anche quando si trova a Milano, capacissimo però, secondo alcuni, d'optare all'occasione per entrambi questi due ben noti prodotti della culinaria italiana. Ha una tendenza piuttosto marcata per il buon Champagne e la più grande venerazione pel divo Morfeo, al quale pare voglia dedicare una cantata. È proverbiale poi la paura maledetta ch'egli ha delle carrozze; e credo che rinuncerebbe ad un concerto... pagato, se per recarvisi fosse costretto ad attraversare nelle ore di maggior movimento la grande arteria di Regent Street. Alto e tarchiato come un granatiere, egli gode di un'eccellente salute e non sembra gli diano molto disturbo i 65 carnevali che porta allegramente sul groppone. Il Bottesini è socio onorario ed effettivo di un numero infinito di accademie; cavaliere dei Santi Maurizio e Lazzaro, della Corona d'Italia, dell'Ordine di Cristo, e del Medjedié; commendatore d'Isabella la Cattolica, di Carlo III di Spagna e di Sant'Jago di Portogallo. Il ritratto di cui s'ornano le colonne della *Gazzetta Musicale*, è preso da una recentissima fotografia del rinomato stabilimento Walery di Londra.

Londra, 14 marzo 1886.

CESARE LISEI

GIOVANNI BOTTESINI

BIOGRAPHICAL NOTES

MILAN – RICORDI

GIOVANNI BOTTESINI

BIOGRAPHICAL NOTES

BY

CESARE LISEI

(FROM THE « GAZZETTA MUSICALE DI MILANO »)

TRANSLATED

BY

TITO PAGLIARDINI

—⸱—

52225

Net Price: Sixpence.

Ent. Sta. Hall.

TITO di GIO. RICORDI

MILAN — ROME — NAPLES — PALERMO — PARIS
AND
LONDON
265 - Regent Street. W. - 265

TO

MY FRIEND

PASQUALE CLEMENTE

Gio. Bottesini

Produced from a phot. by M. WALERY. - London

I.

GIOVANNI BOTTESINI is one of those exceptional artistic types which, it might almost be said, Italy alone enjoys the privilege of producing — luminous bodies destined to irradiate her with that immortal light for which she has always stood pre-eminent among nations. At the illustrious name of this learned and profound musician, of this eminent orchestral conductor, of this unsurpassed instrumentalist who, altering at his will the very nature of the unwieldy instrument he had himself chosen, can draw from its huge flanks soft sounds which none before him, I will not say ever attempted, but ever even imagined, there is not, I believe, an Italian heart that does not beat with just pride. For more than forty years he has rambled through the world with the indifference of a stoic — festively received in palaces, idolized in great and small circles, everywhere distinguished by the most significant appellation of — « The Paganini of the double-bass. »

To write a conscientious biographical study on this great and multiform artist, I believe that, even admitting my competence for the task, I should require a volume; but my duty being confined to writing a sketch compatible with the narrow limits of a journal, I shall of necessity have to leave aside all that does not concern the simple narrative of his glorious, and, thanks to Heaven, as yet uninterrupted career.

Giovanni Bottesini was born at Crema on the 24.th December 1821 — of Pietro Bottesini, an excellent performer on the clarionet and respectable composer of elementary pieces for various instruments, and Maria Spinelli. He had scarcely reached his fifth year when he was placed under an uncle of his, a priest of the name of Cogliati, first violin in the orchestra of the Cathedral of Crema. With him he remained till the age of thirteen, singing the alto in the churches and playing the cymbals in the orchestras of the neighboring towns for the theatres opened during the fairs. It is with a feeling of delight that he remembers having sung and played at that period under the direction of Meyer, the revered master of the immortal composer of *La Favorita*. Towards the end of 1835 Pietro Bottesini having heard that at the Musical Conservatoire of Milan there were two free scholarships open to competition, one for the *fagotto* (serpent) the other for the double-bass, asked his son which of the two he would prefer to compete for.

Our boy decided for the latter, — not indeed because the mastodontic proportions of the instrument had any peculiar attractions for him, but for the simple reason that he had already acquired a certain knowledge of that « king of stringed instruments » while under the tuition of his uncle Cogliati. A week before the day fixed for the competition he proceeded with his father to Milan, and was presented to M.° Luigi Rossi, professor of double-bass at the Conservatoire, who offered in the meantime to give him some further notions of the instrument. At the examination a few bars written off hand by the vice-censor Ray, were put before him, which at once brought on a cold perspiration. The wretched boy had had in all, four lessons of Rossi! Taking courage however, he tried to execute them — but perceiving at once that he was playing horribly out of tune for want of fingering, he stopped short, and turning to his judges, apostrophised them as follows: « I feel, gentlemen, that I am out of tune; but when I know where to place my fingers I shall play out of tune no more. » The gentlemen of the Committee perceiving however that the candidate, although not acquainted with the instrument, had good musical capacities, gave him the place. Bottesini remained at the Conservatoire until 1839, studying the double-bass under his professor Luigi Rossi, attending at the same time to composition under the guidance of professors Piantanida and Ray, of the famous Basily, and the no less celebrated composer Vaccai. He left the Conservatoire three years before the usual time, not so much because he thought himself sufficiently advanced in his instrument to begin to turn it to account, as to be able to devote himself in a freer and more quiet atmosphere to composition, to which he felt himself irresistibly attracted. As a mark of their satisfaction, the governing body of the Conservatoire placed in his hands at his departure the sum of 300 francs (L. 12), and with 600 (L. 24) more which he received as a graceful loan from one of his relatives named Racchetti, he was enabled to purchase the double-bass from which he was nevermore to be parted, and for which he entertains the deepest affection, as having been his faithful companion in all his triumphs.

This instrument, a fine Testori, — has a history of its own which is worth relating. After having belonged to and been used by the double-bass player Fiando of Milan, it had been put to rest after his death in one of the lumber-rooms of the Marionette theatre bearing his name, then as now the delight of the children of the *intellectual capital* of Italy, and remained there forgotten until the double-bass player Arpesani, the only one perhaps who knew of its existence, advised Bottesini to purchase it. When they went in search of it, they had the greatest difficulty in extricating it from the mass of old clothes and rags belonging to the puppets, under which it was literally buried, without a string, coated with dust, and the peaceful retreat of myriads of spiders and their webs. Having carried it home, Bottesini set immediately to work, cleaned it thoroughly, strung it himself, and, struck with its excellent qualities, played on it every thing he could remember, and played on until, immersed in his delight, he actually forgot his dinner, and only left his instrument when, the bow falling from his hand from sheer fatigue, he perceived that his arm was almost paralysed.

II.

It was at the Communal theatre of Crema that Bottesini gave his first public concert, and — more than a success, — it was a revelation. He then played at the principal theatres of Italy, including « La Scala, » meeting everywhere with general applause. The first theatre for which he received an engagement in foreign parts was at Vienna. Passing through Trieste he asked permission to give a concert at the Communal theatre. The directors, unfavorably impressed by the slight, not to say lean figure of the beardless postulant, deemed it prudent, before granting his request, to judge for themselves what he could do with his not over sympathetic instrument. After a few bars of his *Fantasia* on *La Sonnambula* with orchestral accompaniment, Luigi Ricci — the celebrated composer of *Scaramuccia* and *Crispino e la Comare* — rose and cried out to him in the purest Neapolitan vernacular: « Enough, enough! Excuse me, dear Bottesini; we see what you can do, but you know our rule is to hear an artist before we accept him. » Our young *Concertista*, however, replied by begging the Directors to allow him to finish the piece, as they might thus dispense with any further rehearsal. The concert proved a decided triumph which served him as a passport to the public of Vienna, where he played twice with the same success at the *Kärnthner*

Thor (Carinthian Gate) theatre whose manager was the celebrated Mayseder. Being laid up with a malignant sore throat, he was obliged to return to Italy, and when he had completely recovered, he accepted an engagement as last double-bass player at the « Teatro Grande » of Brescia which he kept for two consecutive seasons. He then proceded to Verona, where he was engaged as first double-bass, at the « Filarmonico, » and in 1844, still as first double-bass, at « San Benedetto » of Venice, where he had the good fortune to become personally acquainted with Verdi, who was then engaged in the re-production of *I due Foscari* on that stage. From that time the friendship between these two eminent Italians has remained unaltered, notwithstanding the tittle-tattle concerning certain differences said to have arisen between them, but which were set completely at rest by Verdi himself in a letter addressed to Bottesini from Genoa on the 4.th March 1883, of which the following is an extract :

« They are very wrong who venture to make use of my name to make me say things of you which I have never said, nor could say. You know, and every body knows in what esteem I hold your talent both as a composer and as a *Concertista*. This truth known to all, ought to have been sufficient to bridle the tongues of people but too prone to spread falsehoods. »

He then returned to Milan where he met Arditi, his former comrade at the Conservatoire; and with him he proceded to Turin to give a Concert together at the « Carignano, » after which they visited together the principal towns of Piedmont. At Voghera, in 1846 they were both engaged by Badiali, the agent of Don Francesco Marty, the manager of « Teatro Tacon » of Havana, — Luigi Arditi as conductor of the Orchestra and Bottesini as first double-bass, — the latter becoming later on *Maestro al Piano*. It was at Havana that Bottesini wrote *Cristoforo Colombo*, an opera in two acts to Spanish words; it met with a flattering success. He remained at Havana until the end of 1848, making however frequent excursions to the United States, whence he came for the first time to London, to take part in a concert given by Alary at « Exeter Hall. » He played also at the Philharmonic Society's concerts, under the leadership of sir Michael Costa, and was then engaged by the celebrated Jullien to play for four weeks at the Promenade Concerts which had but lately been inaugurated at Drury Lane. Having with Jullien visited the various provinces of England, he accompanied him to America, and until the year 1855 our « Virtuoso » annually crossed and re-crossed the Atlantic, sending into extasies the two worlds.

At the beginning of 1856 he was engaged by the celebrated Madame Sontag for the « Sant'Anna » theatre, Mexico, the orchestra of which he directed during the Autumn season. While there Bottesini's services were secured by Calzado for the Italian Opera at Paris, which he directed for two consecutive years. During the first months of the second year of his stay in the French capital, Napoleon III who knew what enthusiasm our wonderful *concertist* raised wherever he went, had him invited to the *Tuileries*, where he was received in the antichamber which leads into the Concert-room by the Grand Master of the Ceremonies of the Court, Count Bacciocchi. Observing attentively the magic instrument, the high Imperial functionary after having asked the famous performer no end of questions concerning its maker, its dimensions, and its acoustic qualities, suddenly addressed him in the following words :

— « Now, tell me, *Maestro*, is it empty or full? »

At this extraordinary question which seemed at first sight to be meant for a joke, Bottesini was on the point of bursting into a loud fit of laughter; but seeing that the Grand M. C. was not even smiling, and remembering the attempt of Count Orsini against the life of Napoleon III which had recently

taken place in the Rue Lepelletier (January 14.th 1858), he
hastened to reply :

— « Empty, empty, your Excellence » — at the same time,
as if to remove the faintest doubt, stooping to look through
the f holes. It is needless to add that he elicited the most
enthusiastic applause at the Napoleonic Court as well as
elsewhere — and that the next day the Court Journals devoted whole columns to his praise, which brought him more
and more before the great world of Paris.

Besides a number of songs and instrumental pieces, Giovanni Bottesini wrote during this period the *Assedio di Firenze*
for Madame Penco, and Signori Mario, Graziani and Angelini
which opera was re-produced two years later at « La Scala »
theatre by the Manager Marzi — then at the « Pagliano »
theatre, Florence. Notwithstanding his previous successes,
including that at the *Tuileries*, Bottesini may say that, out
of Italy, his true baptism as a first-class instrumental *virtuoso*
was received on the day he performed at the Paris Conservatoire de Musique which bestowed on him a large silver
medal, bearing the inscription: *L'Académie de Musique à
M.r Bottesini*. Innumerable were the invitations which followed
this honor, from all the most important centres of France
where his visits left indelible impressions.

He next went to Naples, and from Naples to Milan where
Rovaglia commissioned him to write: *Il Diavolo della notte,*
for the celebrated basso Bottero. This opera obtained at the
« Santa Radegonda » theatre a brillant success, and was
published by Ricordi in 1858. From that year to 1862 Bottesini gave concerts at Bologna, Florence, Rome and Naples,
where he wrote towards the end of 1861 the celebrated Quartet
in *D major*, which carried off the prize at the Basevi competition of Florence.

From Naples he proceded to Palermo, where he composed
Marion Delorme, to words by Antonio Ghislanzoni, which was
also brought out with success at the « Teatro Carolina » of

that city, and was reproduced in 1863 under his own direction at the « Liceo » of Barcellona. In 1864 he was called to the Principality of Monaco, to give a series of concerts, and he there wrote for the artists of the Palais Royal of Paris, who were acting at the Casino theatre, an operetta in one act in French, named *Vinciguerra;* this opera was subsequently performed for forty consecutive nights at their own theatre on their return to Paris. Having returned to Barcellona, he remained there, still engaged as director of the orchestra at the « Liceo » until the end of the autumn of 1866 in which year he was called to Madrid to conduct the famous popular concerts of the « Buen-Retiro. »

III.

In december we find him performing in the palace of the Czars, at S.ᵗ Petersburg, and giving concerts at the Italian theatre, under the direction of Antonio Rubinstein. — Among the numerous authentic notes I have collected for this biography, I find an anecdote referring to his first appearance at the Court of Russia, which I think worth reproducing.

After having played one of his pieces most bristling with difficulties, and astonished the whole *entourage* of Alexander II — the poor murdered man — he sees the latter rise and move towards him:

— « *Admirablement, Monsieur Botte...sini* — says the gigantic Czar, in a patronizing tone of approval, and displaying to the full his stentorian deep bass voice. — *Vous venez de faire de vrais prodiges. Mais, dites-moi donc: êtes-vous italien?* »

— « *Italien, Majesté...* » — answers the great artist with a proudly respectful bow.

— « *Et de quelle partie de l'Italie?* » — continues the Emperor in a more subdued tone.

— « *De Crème* » — adds Bottesini proud to be able to pronounce before so august a host the name of the town which gave him birth.

But the Czar, not believing it possible that any town could bear the name of a sweet dish that he detested, and suspecting a joke concealed under the answer of the Cremasc artist, suddenly knitting his brows : —

— « *De quel pays êtes-vous ?* » — exclaims he with a vehemence that made Bottesini's blood run cold.

— « *De Milan, Majesté* » — he answers half stammering, making a still deeper bow.

A kindly smile now playing round the lips of the « Autocrat of all the Russias » re-assured our artist and dispelled at once from his terrified mind all visions of the inhospitable regions of Siberia — and he retired rejoicing in his heart at his clever subterfuge.

In March 1867 Bottesini left Russia for Paris, from which he started on a *tournée* through the French provinces, Denmark, Sweden and Norway, with Vieuxtemps and Artôt, and Ulmann as manager.

In 1868 we again meet with our artist at Wiesbaden, giving concerts in the Kursaal where in those days ruled despotically Her Majesty *La Roulette.* One evening waiting for his turn in a contiguous room, and giving the last touches to the strings of his instrument, he saw a lady of a somewhat bashful appearence approaching him, and heard her say in a kind tone :

— « *J'aurai donc le plaisir de vous entendre ce soir ; mais cela ne sera pas la première fois, pourtant.* »

Bottesini, taking this as one of the ordinary compliments paid to artists, simply answers by a cold and indifferent bow.

— « *Je me rappelle* — she continues — *d'avoir eu le bonheur de vous entendre à Londres.* » —

— « *Vraiment ?* » — replies Bottesini to what he took for idle talk, and scarcely raising his eyes.

— « *Mais oui,* — persists the fair unknown — *et précisément chez ma mère.* »

At these last words Bottesini, interrupting his chords, and raising his eyes to her, begins to observe her attentively ; but not remembering altogether her countenance :

— « *Pardonnez-moi, madame,* — enquires he with a certain curiosity — *mais comment s'appelle-t-elle, madame votre mère ?* »

— « *La Reine d'Angleterre,* — replies the Lady, with a significant but affable smile.

It was in fact the daughter of her Majesty Queen Victoria, not long before married to the Crown Prince of Germany. The surprise of our artist may easily be imagined. He bowed profoundly wishing all the time he could conceal himself in the cavity of his instrument to hide his confusion.

In 1869, still under the banner of Ulmann, he undertook a new professional tour in France with the harpist Godefroid and the violinist Vieuxtemps, accompanied by Mesdames Alboni, Battu, Careño, Signor Tagliafico and the tenor Höler, who executed in the first part of every concert Rossini's *Messe solennelle*. In 1870, at the approach of the German armies, he left Paris hurriedly, and taking refuge in London, he wrote in six weeks for the « Lyceum », then under the management of Tito Mattei, the opera buffa *Alì Babà*, in four acts, the libretto by Emilio Taddei. This pleasing opera, which placed Bottesini in the ranks of the best stage composers of the period is published by Ricordi of Milan.

IV.

While conducting the Promenade Concerts at « Covent Garden » he was offered by Drometh Bey, now Pacha, the direction of the Italian Opera at Cairo, on the stage of which he brought out Verdi's triumphant *Aïda*. Before starting for the Egyptian Capital, Bottesini proceeded to Sant'Agata to receive the necessary instructions from the mouth of the composer himself, and remained there as an honored guest for three days. It is needless to repeat here all the circumstances of that triumph of Italian art, and the unanimous praise bestowed on Bottesini for the care, enthusiasm and love displayed by him in the admirable interpretation of the Verdian masterpiece. But of all the eulogiums passed on him by the representatives of all nations assembled there for the grand occasion, the most flattering, the most welcome, the most valued was that contained in the following letter addressed to him on the 27.th December 1871 by the great Italian composer, grateful for the triumph which had attended his last score :

« I cannot tell you how grateful I am to you for the kind thought of sending me a telegram after the first performance. It is one more obligation I am under to you, among many, many others, for the affectionate solicitude you have bestowed on my poor *Aïda*. And besides this solicitude, I am fully aware of the talent displayed by you in directing the rehearsals and the execution, of which however I never entertained a doubt. My warmest thanks then, my dear Bottesini, for all you have done for me on this occasion, and I beg you to offer also my most heartfelt thanks to all those who have taken part in the performance of this opera. »

And from Milan on the 13.th January 1872 :

« I thank you once more for the great zeal shown by you in the performance of *Aïda*, and rejoice with you in the remarkable ability with which it was interpreted. I must also tell you how obliged I am for the observations contained in your last letters and of which I will avail myself. »

In connexion with Bottesini's stay at Cairo, I remember having heard himself tell several years ago a story that is perhaps worth repeating, concerning one of his greatest successes in that town.

Between the acts of *Lucrezia Borgia,* which he was directing at the Opera house, he performed on his double bass one of his most *marvellous* pieces. The *furore* he called forth was so great, that a minister who was in the Vice-regal box exclaimed in the height of his enthusiasm that in the hands of the great Italian magician the double-bass assumed all the characters of the violin. Muphetis Pacha, who was also in the box of Ismaïl, shrugging his shoulders, observed: — « I cannot comprehend why he takes so much trouble to obtain those effects from that big, cumbersome instrument. Would it not be better to take in hand the violin itself?... »

A general and hearty burst of laughter was the reply to the truly Turkish logic of Muphetis Pacha, whose heavy joke was for some time the favorite subject of the most racy comments in the drawing-rooms & clubs of the Egyptian Metropolis.

He remained director of that theatre until it closed in March 1877. But in the summer of 1873 he made an excursion to Costantinople to give concerts — and in 1874 to Crema to fulfil the painful duty of closing his father's eyes — and in 1875 he wrote in a Villa at Ramlé, near Alexandria (Egypt) the opera *Ero e Leandro* to a *libretto* by Arrigo Boito. This opera was performed for the first time at the « Regio » theatre of Turin during the carneval season of 1878, with what success every body knows. *Ero e Leandro*, which is considered his *chef-d'œuvre*, has been published in an elegant edition by the house of Ricordi. In 1879 he was engaged as conductor of the orchestra of the « Teatro dell' Opera » at Buenos-Ayres, where, among other works, he conducted also his own *Ero e Leandro*, having the good fortune to reckon Signor Stagno among its interpreters. On his return to Europe he visited Montevideo and Rio de Janeiro, where he met with the most cordial reception from that pearl of an artistico-scientific Emperor, so friendly to Italy and her artists, known as Don Pedro.

During the Carneval and Lent seasons of 1880-81 he wrote for the Manager Depanis *La Regina di Napal*, which was successful at the « Regio » theatre of Turin, with Madame Turolla and Signor Battistini as chief interpreters. In the following Lent season, a *Messa di Requiem* of his was executed at the same theatre by Madame Brambilla-Ponchielli and Signori Barbacini and De Reszké, which was thoroughly appreciated both by the public and the press. During this lapse of time, relatively the most quiet of his long and successful career, Bottesini was annually engaged in London to perform at the Monday and Saturday popular concerts of Chappell, — at the concerts of the Philharmonic society and in several professional tours in the provinces. In his intervals of repose he wrote a number of romances and songs, and pieces for his favorite instrument both with and without orchestral accompaniment, besides three operas now complete and ready for the stage. It now rests with the Italian public to decide as to their merit.

Weary of his roaming life, Bottesini seems inclined hence forth to devote his noble talent and the treasures of his musical science almost exclusively to the stage, on which we must freely admit that, in spite of the success of his former operas, he has failed to impress his mark deeply enough to ensure popularity. Hitherto he has written scores that have been esteemed, admired, appreciated at their full value by all intelligent musicians — it now remains for him to write what will call forth the enthusiasm of the public — the great, the rightful, the ultimate dispenser of praise and of blame. Some critics hint that he is often wanting in inspiration, that lofty, that powerful inspiration which can alone create masterpieces; and it is possible that during these latter years he has succeded at length in grasping by the mane that reinless and fleet-winged Pegasus. The moment is all-important for the Italian opera, now deploring the sudden disappearance of Ponchielli — one of its latest glories and chief hopes. Remember, *Maestro*, that the late lamented composer of *Gioconda* owed his popularity to his having remained faithful to the tradition of the great Italian school, — remember that you are writing before all, for your own compatriots, for those who speak the musical language of Italy, who love and feel in unison with yourself. Close your ears against the easy allurements of the Northern sirens, remain Italian, and you will add a new glory to your name already so deservedly illustrious.

Bottesini is at present engaged on the composition for a London music publisher, of a grand Oratorio to English words by Joseph Bennett — the eminent musical critic of the *Daily Telegraph* — to be called: *The Garden of Olivet.*

V.

And now a few words about the man. Like most great artists, to whom « A thing of beauty is a joy for ever », Bottesini has from his earliest youth had a decided weakness for the fair sex — and he does not conceal that he is still their devoted and enthusiastic admirer.

« The heart never grows old, » — answered he the other day to a friend who was joking him on this subject.

The good-natured smile which ever and anon brightens up his open and pleasant countenance speaks at once in his favor, and draws one irresistibly towards him. Those who are thrown into his company are surprised at his simple and unaffected manners, at the gentleness of his disposition, at the yielding nature of his character only open to kindly feelings and indulgence. Modest, devoid of envy, ever ready to symphatise with the unfortunate, he has always had, as it were, holes in his pocket, and therefore could not live, as he would have a right to do, without the annual profits of his art. Contrary to what some of his so-called friends have often stated, Bottesini has no love for gambling for its own sake, and most fortunately for him; for sailing as he often does, in the clouds, he would not now be possessed even of the bow of his beloved *Testori*. In the long and tedious hours he is obliged to wile away in hotels with his colleagues during the provincial tours, he does not refuse to lay down a sovereign on a card, or to risk it on a billiard table at a game of Pool or Carambole, but more to kill time, as the saying goes, than from any liking for the game. An inveterate smoker, he lays down most unwillingly his superb Meerschaum pipe when he is obliged to go out and substitutes for it a *Minghetti* in Italy, and out of his native land, a *Manilla*. An experienced Epicure, he proclaims openly his preference for macaroni over *il risotto*, even when at Milan, — yet, according to some, most capable, whenever the opportunity occurs, — of doing full justice to both these well-known products of Italian cookery. He has also a marked taste for first-class Champagne, and the deepest veneration for the gentle god Morpheus, to whom he seems inclined to dedicate a *Cantata*. The alarm he feels at the sight of carriages is proverbial, and I really believe he would give up a concert, — aye, even a paid concert, — if, to assist at it, he were obliged to cross the great artery, Regent Street, in the thick of the traffic.

Tall and upright like a grenadier, he enjoys excellent health, and does not seem to be much inconvenienced by the weight of 65 Carnivals which he cheerfully bears on his broad shoulders.

Bottesini is an honorary and effective member of innumerable Academies, knight of the orders of Santi Maurizio e San Lazzaro, of the Corona d'Italia, of the Ordine di Cristo, and of the Medjedié; — Commander of the order of Isabella la Cattolica, of Carlo III of Spain, and of Sant' Jago of Portugal. The portrait which adorns this Biography is copied from a photograph taken at the well-known Establishment Walery, London.

London, March 1886.

42

www.ingramcontent.com/pod-product-compliance
Lightning Source LLC
Chambersburg PA
CBHW060628030426
42337CB00018B/3253